Celine van der Hoofd

Ich glaube an Gott ...

Celine van der Hoofd

Ich glaube an Gott ...

... den Schöpfer des Himmels und der Erde

Fromm Verlag

Imprint

Cover image: © Celine van der Hoofd (Enkaustikmalerei, Titel: Schöpfung)

Publisher:
Fromm Verlag
is a trademark of
Dodo Books Indian Ocean Ltd., member of the OmniScriptum S.R.L Publishing group
str. A.Russo 15, of. 61, Chisinau-2068, Republic of Moldova Europe
Printed at: see last page
ISBN: 978-613-8-37424-4

Ich glaube an Gott ...

... den Schöpfer des Himmels und der Erde

Facharbeit im Fach Dogmatik

auf Basis der folgenden Aussagen und Bibelstellen

1: „Ich glaube, dass mich Gott erschaffen hat samt allen Kreaturen ...".

2: „...Gott, der die Toten lebendig macht und ruft das, was nicht ist, dass es sei" (Röm. 4,17b).

Inhaltsverzeichnis

Einleitung

Die Beschäftigung mit dem Thema des Schöpfergottes zieht sich eigentlich schon durch das ganze Studium an der KFU. Doch immer wieder wird dieses Thema nur angedeutet, immer wieder wird es in den verschiedenen Fächern ansatzweise anders interpretiert. Und doch ist es etwas, das einen in Gedanken nicht loslässt. *„Denn es gibt eine tiefere Wirklichkeit als die Realität, eine höhere Weisheit, als die Schulbücher lehren, und eine größere Befriedigung, als materielle Erfolge zu bieten vermögen."*[1] Es ist dieses Zitat von Marion Gräfin Dönhoff, welches Mut macht, einmal einen anderen Ansatz für diese Hausarbeit zu wagen.

So soll diese Arbeit im Gegensatz zu den bisher gefolgten Strategien erst mit einer ganz persönlichen Auseinandersetzung mit diesem Thema beginnen, ungetrübt von weitschweifenden Literaturstudien, um dann diese eigenen Gedanken an denen anderer Autoren zu prüfen. Es ist quasi eine vorgezogene Schlussfolgerung, gegründet auf eigener Lebenserfahrung, und auf viele bereichernde Gespräche und Diskussionen mit Familie, Freunden und Studienkollegen. In diesem Sinne darf es dann auch nicht verwundern, wenn nicht nur am Beginn dieser Arbeit neutrale

---

[1] Dönhoff 1999

Formulierungen immer wieder den persönlichen Statements weichen.

Auch wenn es Sinn dieser Arbeit ist, die im Untertitel erwähnten Fragen getrennt und aufeinander folgend zu beantworten, so kann es geschehen, dass der Übergang von der einen Fragestellung zur anderen fließend und nicht deutlich wahrnehmbar ist.

Ausgangspunkt für das eben ausgeführte sind die vor dem Inhaltsverzeichnis genannten Glaubensbekenntnisse, Bibelverse und Zitate.

1. Im Anfang schuf Gott Himmel und Erde ...[2]

Mit diesem einfachen Satz wird der Biblische Kanon, so wie er in unserer christlichen Gemeinschaft genutzt wird, eröffnet. Und doch führt dieser kleine Satz ein Schattendasein. Er ist für viele nur der Einstig zu dem vermeintlich Wichtigen, der ersten Schöpfungsgeschichte. Anders sein Pendant im Evangelium des Johannes: „Im Anfang war das Wort...", im Gegensatz zu Genesis, wird immer wieder die Aussagekraft, der Inhalt dieses Satzes betont, doch bei näherer Betrachtung, bei der Auseinandersetzung mit einem Gott, der uns zuerst als Schöpfergott begegnet, bekommt auch der erste Satz der Bibel ein ganz anderes Gewicht.

---

[2] Soweit nicht anders erwähnt wird in dieser Arbeit mit der Elberfelder Bibelübersetzung gearbeitet.

Sicherlich, dieser Satz ist die Einleitung zur Schöpfungsgeschichte, zur Beschreibung eines Gottes, der schöpferisch tätig ist, aber er ist auch eine Feststellung, ein Statement: es ist Gott, der schafft, der ***erschafft***, nämlich Himmel und Erde, also das Spektrum, das wir Menschen tagtäglich wahrnehmen können. Doch es ist nicht nur die Ankündigung, dass Gott ***erschafft***, das Wörtchen „Im" zeigt uns, dass wir eigentlich schon mitten im Geschehen sind. Wir werden nicht mitgenommen zum Anfang unserer Existenz und unseres Lebensraumes, sondern wir werden mit *hinein*genommen in ein Geschehen, das bei Gott schon lange begonnen hat. Somit fordert dieser Satz uns unter anderem auf, anzuerkennen, dass es bei Gott eine andere Zeitrechnung gibt, als wir Menschen es gewohnt sind und erfassen können.

Doch dieser eine Satz hat noch eine andere ganz wichtige Bedeutung, die essentiell für unser Bibelverständnis, ja für unser Glaubensleben ist. Auch wenn dieser Satz als Feststellung formuliert ist, so beinhaltet er eine ganz tiefgehende und für manchen sicherlich auch existentielle Frage: Glaube ich, dass Gott in der Lage ist, Himmel und Erde, meine Welt, in der ich lebe, mit allem was dazugehört, zu erschaffen? Doch Vorsicht, die ´Frage, die sich uns hier stellt, ist nicht ob ich glaube, dass Gott die Welt in sieben Tagen erschaffen hat, also nicht die Frage nach dem ***Wie***, sondern die Frage ist ganz grundlegend die Frage nach dem ***Überhaupt***. Glaube ich ***überhaupt***, dass Gott in der Lage ist zu erschaffen, egal wie er es macht. Wenn ich das bedingungslos glauben kann, dann hat dies Folgen, Folgen für die Art und Weise wie ich meine Bibel lese, Folgen für meinen Umgang mit Gott, auch in meinem täglichen Leben, Folgen für meinen ganz persönlichen Glauben.

Bedingungsloses Glauben an diese erste Aussage in der Bibel ist Ausdruck meines Vertrauens in einen Gott, der auf eine unglaubliche Weise – im wahrsten Sinne des Wortes – schöpferisch tätig sein kann, und somit erlaubt dieses Vertrauen und dieser Glaube mir, auch heute noch, mit dem Unmöglichen oder – um mit der Sprache des neuen Testamentes zu sprechen – auch heute noch mit Wundern zu rechnen. In der Verlängerung dieses Gedankens, werden viele Geschichten der Bibel plötzlich nicht mehr unmöglich, muss ich nicht mehr nach mythischen[3] Erklärungen suchen, sondern kann akzeptieren, dass es bei Gott Dinge gibt die für mich, mit meiner begrenzten Ausdrucksmöglichkeit, nicht erklärbar, aber möglich sind.

---

[3] Mhytos hier im Sinne von unwirklich, unrealistisch wie ein Märchen ....

Die ganze Bibel hindurch werde ich immer wieder mit der Frage und Aufforderung konfrontiert ***einfach*** (auch hier im wahrsten Sinne des Wortes) zu glauben. Der Höhepunkt dieses Prozesses kommt dann mit der Auferstehung Christi. Hat der Glaube an einen Gott, der neues erschafft, mich im Heute begleitet, dann ist es die Auferstehung Christi, die mir eine neue Dimension dieses Schöpfergottes zeigt: er der aus Nichts Neues erschafft, ist auch in der Lage, bereits Bestehendes und schon Vergangenes wieder in etwas Neues, Bleibendes zu verwandeln. Es ist eine neue Dimension des Schöpferischen, die mir hier gezeigt wird und die meinen bedingungslosen, blinden Glauben wieder neu herausfordert. Diese Erweiterung meines Glaubensverständnisses begleitet mich dann nicht nur im heute, sondern öffnet mir den hoffnungsvollen Blick für die Zukunft.

Somit hat dieser Glaube fast etwas adventliches, ein Glaube, der mich täglich in einer Erwartungshaltung nicht nur überleben, sondern wirklich leben lässt. Glaube macht also mehr, als nur dem Leben Sinn zu geben. Paul Claudel sagte einmal: *„Der Glaube hat nicht nur den Sinn, sondern die Freude in die Welt gebracht.*"

Und so ist die Frage nach der Aussage und Bedeutung des Bekenntnisses: Ich glaube an Gott den Schöpfer des Himmels und der Erde, nicht die Frage nach dem Verständnis der Schöpfungsgeschichte, sondern eine ganz persönliche Frage nach meinem Glauben, der seinen Höhepunkt in der Auferstehung Christi findet. Doch was ist Glaube eigentlich?

2. Der Heidelberger Katechismus

Bevor tiefer auf die Frage nach dem Glauben, nach Gott und seinem schöpferischen Tun eingegangen wird, erst kurz ein paar Sätze über den Ursprung des zu behandelnden Zitates. Die Aufgabenstellung: „Ich glaube, dass Gott mich erschaffen hat samt allen Kreaturen..." ist die Frage 26 des Heidelberger Katechismus. Kurfürst Friedrich III. von der Pfalz war der Initiator dieses Werkes, er bemühte sich um eine Beendigung der Streitigkeiten zwischen strengen Lutheranern und schweizerisch orientierten Reformierten. Zachrias Ursinus (1534-1583), erarbeitete zwei lateinische Fassungen unter Zuhilfenahme von evangelischen, reformierten. Katechismen und melanchthonischen Material, die als Diskussionsgrundlage dienten für die endgültige Fassung. Schließlich erschien der Heidelberger Katechismus am 19. Januar

1563 zusammen mit der neuen Kirchenordnung. Er ist Bekenntnis und Lehrbuch in einem.[4]

Der Heidelberger Katechismus ist eingeteilt in drei Teile mit insgesamt 129 Fragen. Teil 1 handelt von „des Menschen Elend", Teil 2 von „des Menschen Erlösung" und Teil 3 von „der Dankbarkeit". Frage 26, die im Folgenden als weitere Arbeitsgrundlage samt ihrer Antwort zitiert wird, gehört zum zweiten Teil:

> *Frage 26:*
>
> *Was glaubst du, wenn du sprichst: „Ich glaube an Gott, den Vater, den Allmächtigen, den Schöpfer Himmels und der Erde«?*
>
> *Ich glaube, dass der ewige Vater unsers Herrn Jesus Christus um seines Sohnes willen (Gal 4, 5-7; Eph 1, 5) mein Gott und mein Vater ist. (Joh 1, 12; Röm 8, 15).*
>
> *Er hat Himmel und Erde mit allem, was darin ist, aus nichts erschaffen (Gen 1; Ps. 33, 6) und erhält und regiert sie noch immer (Ps 104, 2-5; 1-17; 27-30; Mt 10, 29-30, Hebr 1, 3; Ps 115, 1-3) durch seinen ewigen Rat und seine Vorsehung.*

[4] Vgl. Graffmann 1959, S. 128ff

Auf ihn vertraue ich und zweifle nicht, dass er mich mit allem versorgt, (Ps 55,23; Mt 6,25-26; Lk 12, 22-24) was ich für Leib und Seele nötig habe, und auch alle Lasten,

die er mir in diesem Leben auferlegt, mir zum Besten wendet.(Röm 8, 28)

Er kann es tun als ein allmächtiger Gott (Röm 10, 12) und will es auch tun als ein getreuer Vater. (Mt 6, 26; 7, 9-11)[5]

Die Fragen 26, 27 und 28 habe gemeinsam das Thema: Gott der Vater. Die vorangehende Frage 25 beschäftigt sich mit der Frage nach der Dreieinigkeit Gottes.

2.1. Ich glaube ...

Die Erklärung zu der Frage 26 des Heidelberger Katechismus beginnt ebenso, wie der Gegenstand der Frage, mit den Worten: ich glaube. Und so ist es nicht mehr als logisch, sich erst einmal Gedanken über die Definition, Bedeutung und Inhalt dieses Wortes *Glauben* zu machen, ist dieses Wort doch die Basis für das weitere Verständnis dieser Frage. Der Duden gibt für das Substantiv Glauben folgende Definition:

[5] Synode ev.-ref. Kirchen in Bayern und Nordwestdeutschland 1997, S. 21

„gefühlsmäßige, nicht von Beweisen, Fakten o. Ä. bestimmte unbedingte Gewissheit, Überzeugung"[6]

Doch die Frage ist, ob sich diese allgemeine Definition auch auf den christlichen Glauben übertragen lässt. Auch der Duden macht eine Unterscheidung zwischen der allgemeinen Definition und der Bedeutung mit einem religiösen Bezug, wobei für letzteres keine neue Definition gegeben wird, sondern nur Beispiele in denen das Wort Glaube verwendet wird. Diese Definition liefert Häring in seinem Wörterbuch des Christentums:

„... In präzisierendem Sinn mein G. die Haltung gegenüber einem Gott, demgegenüber vorbehaltloses Vertrauen berechtigt, sinnvoll und deshalb geboten ist. Im spezif. Christl. G.nsverständnis erscheint dieses Vertrauen als eine Haltung, die nur Gott selber ermöglichen kann, so dass »Vertrauenkönnen«, selber eine Frage des Vertrauens ist. Die Kraft eines solchen G.ns ruht darin, dass er den Mut hat, sich auf die Wirklichkeit selber einzulassen und in seiner so gewonnenen Rationalität keiner äußerl. bestätigenden Zeichen mehr bedarf. ..."[7]

---

[6] Duden online

[7] Häring 1988, S. 418

Kann man überhaupt von Glauben sprechen, ohne einen gewissen religiösen oder spirituellen Bezug? Verschiedene Philosophen, Wissenschaftler und Kirchenmänner haben sich darüber Gedanken gemacht und wenn man die verschiedenen Abhandlungen liest, wird einem bewusst wie schwierig, ja fast unmöglich es ist, eine allgemein gültige Formel für etwas zu geben, das auf einer - scheinbar - subjektiven Wahrnehmung beruht. Scheinbar deswegen, weil es ja für den, der glaubt, eben gerade nicht *scheinbar,* sondern sehr real ist.

Gerade die wissenschaftliche Annäherung an das Thema Glauben[8], aber auch die Zeit der Aufklärung, wo die Vernunft in Bezug zum Glauben[9] gesetzt wurde, zeigt dass es in diesen Fällen oftmals nicht möglich ist, das Thema Glaube zu behandeln, ohne diesen in einen Bezug zu einem Subjekt zu setzten.[10] In Verlängerung gerade dieses Vernunftgedankens wird dann auch oftmals ein Unterschied gemacht zwischen dem alttestamentlichen Glauben und dem neutestamentlichen Glauben.[11] Doch kann man dies so losgelöst voneinander sehen? Häring weist darauf hin, dass der

[8] Siehe dazu u.a. Schneider-Flume 2008, S 123 f.
[9] Siehe dazu u.a. Leonhardt 2009, S. 171 ff;
[10] Vgl. Schneider-Flume 2008, S 123ff.
[11] Vgl. Leonhardt 2009, S 163.

neutestamentliche Glaubensbegriff, durch die alttestamentliche Verwendung (siehe Seite 6 dieser Arbeit) schon vorgeprägt ist.[12] Guardini beschreibt den Glauben aus der Erkenntnis des Neuen Testamentes heraus und macht in z.B. seinen Meditationen über das „Gläubige Dasein" den Bezug zum Alten Testament deutlich:

> *„Das Neue Testament ... . Was es unter ‚Glauben' versteht, bedeutet kein allgemeines religiöses Verhalten. ...Der Glaube, den das Christentum meint, ist einmalig und ausschließend. ‚Glaube' ist kein Oberbegriff, der auf viele Unterarten passt, ... sondern der Name für etwas, das es nur einmal gibt: die Antwort des Menschen an den in Christus kommenden Gott.*"[13]

Liest man weiter so sieht man, dass Guardini, wie Barth, den Glauben nicht losgelöst von seinem Bezugspunkt sehen kann:

> *„Der Glaube ist die lebendige Bewegung auf den hin, an den geglaubt wird.*"[14]

Dieses Wörtchen *‚an'*, das zu dem Verb glauben gehört ist auch Barth sehr wichtig. Es weist auf das Subjekt des Glaubens, unseres Glaubens, und füllt diesen unseren Glauben, der ja nicht auf wissenschaftlichen Beweisen gegründet ist, mit Leben.[15] Barth

[12] Vgl. Häring 1988, S. 416.
[13] Guardini 1983, S. 18.
[14] Guardini 1983, S. 18
[15] Vgl. Barth 2011, S 17.

beschreibt dieses Glauben als eine *„menschliche Daseinsform"* die den persönlichen Glauben *„erfüllt und bestimmt"* in der *„Begegnung mit Einem, der nicht Mensch ist, sondern Gott der Vater, Sohn und Heiliger Geist"*[16]. Der Zusammenhang zwischen Glauben und dem dreieinigen Gott ist auch Guardini wichtig.[17] In seiner Meditation „Von Gott geschaffen", umschreibt Guardini was es eigentlich heißt, zu glauben:

> *„...Hier ist etwas einfachhin Grundlegendes, aber wir können es nicht denken. Es ist wahr und ist die Voraussetzung aller Wahrheit sonst, aber wir können seine Wahrheit nicht vollziehen..."*[18]

Glauben hat also etwas mit Nicht-Wissen zu tun, es hat also damit zu tun, dass ich etwas, das mir von einem Gegenüber präsentiert wird, als Tatsache hinnehme, obwohl ich davon nichts wissen kann (weil mir die dafür nötigen Beweise oder Vorkenntnisse fehlen), obwohl es keine logische Erklärung gibt. Leonhardt fasst dies wie folgt zusammen:

---

[16] Barth 2011, S. 17.
[17] Vgl. Guardini 1983, S. 19ff.
[18] Guardini 1951, S 25.

„Glaube bezeichnet hier ein ‚personales ‚Vertrauensverhältnis', wobei entscheidend ist, dass diese Zuverlässigkeit einer Überprüfung zunächst nicht zugänglich ist."[19]

Entscheidend in dieser Definition ist das Wort Vertrauen. Da wir ja weiter oben festgestellt haben, dass der neutestamentliche Glaubensbegriff vom Alten Testament geprägt ist, lohnt es sich kurz zu schauen wie Glauben im AT verwendet wird. Da zeigt es sich, dass wir hier nicht nur von einem einzelnen Begriff und seiner Übersetzung sprechen können, sondern dass Glauben im AT eine Schlüsselkategorie ist, wie Häring es nennt. Somit sind es mehrere Umschreibungen, die für das Wort Glauben verwendet werden können:

„ ... Glauben ist ... die das Verhältnis des Menschen zu Gott bestimmt: fest und sicher stehen, (ver)trauen, hoffen, harren, sich bergen..."[20]

Heute zurückblickend auf die Geschichte Gottes mit der Menschheit, besonders mit dem Volk Israel, als auch in der neutestamentlichen Zeit mit den ‚Heiden', als auch in unserer heutigen Zeit können wir feststellen, dass Glauben etwas mit einer sehr persönlichen Wahrnehmung zu tun hat, und so kann es gut sein, dass ich zwar

[19] Leonhardt 2009, S. 162.
[20] Häring 1988, S. 416.

die folgende Aussage voll und ganz unterschreiben kann, aber ein anderer Christ eine andere Wahrnehmung hat: der christliche Glaube ist mehr als Vertrauen, ist mehr als eine Zuverlässigkeit, er ist eine Gewissheit. Oder mit den Worten von Dönhoff ausgedrückt:

> *„Glauben ist der höchste Grad der Gewissheit"*[21]

Doch in diesem Akt des Glaubens erhalten wir ein Gegenüber. In diesem Gegenüber spiegelt sich unser Glaube; Guardini hierzu:

> *„Voll von Gegensätzen ist der Glaube, voll von Wagnis, nicht auf einen Begriff zu bringen. Er ist so, wie Gott selbst uns ist."*[22]

Und weiter:

> *„Der christliche Glaube geht in Gottes Angesicht; aber so, wie dieses ist. Der Glaube ist so, wie der ist, an den er sich wendet. Er ist Verbundenheit mit Gott, dem Einen und Drei-Einen. Also spiegelt er dessen Wesen."*[23]

Und so ist es die logische weiterführende Frage, wer ist dieser Gott, auf den sich mein Glaube richtet, ein Glaube, der nicht mein eigener Verdienst ist, sondern der kommt, der das Leben verändert und bestimmt (Gal. 3.23,25f).[24] Wer also ist Gott?

---

[21] Dönhoff 1953
[22] Guardini 1983, S 19.
[23] Guardini 1983, S. 21.
[24] Schneider-Flume 2008, S. 104.

2.2. ... an Gott, den Vater, den Allmächtigen, ...

Die Frage nach Gott ist nicht die Frage nach einem Gottesbeweis, wie ihn schon seit Jahrhunderten viele namhafte Theologen versuchen zu führen,[25] sondern ist die Frage nach meinem immerwährenden Gegenüber, dem ich in der Auseinandersetzung mit mir selbst, mit meinem Leben und mit meinem Umfeld ins leuchtende Angesicht schauen darf. Es ist schon erstaunlich, wie schnell in der gängigen Fachliteratur von der Frage nach Gott, wer er ist, übergeleitet wird auf das Thema der Gottesbeweise, deren geschichtliche Entwicklung dann auch sehr ausführlich besprochen wird. Dies lässt nur den Schluss zu, dass wir nie in unserem irdischen Leben fähig sein werden eine vollständige, befriedigende Antwort auf diese Frage zu geben.

Auch die Methode der ‚umgekehrten Beweislast', d.h. man versucht Gott zu beschreiben, indem man von dem ausgeht, was Gott nicht ist,[26] ist m.E. eine hilflose Methode. Wenn ich nicht weiß, wer Gott ist, wenn ich ihn in seiner Ganzheit nicht erfassen kann, kann ich mir auch nie sicher sein ob Gott wirklich etwas ‚nicht' ist. Es besteht also immer die Gefahr, dass ich Gott einen Teil seiner selbst aberkenne, weil ich genau diesen Teil in meiner eigenen

---

[25] Siehe u.a. Schneider-Flume 2008, S. 119ff und Leonhardt 2009, S. 171ff

[26] Vgl. Leonhardt 2009, S. 213.

Unvollkommenheit nicht wahrnehmen kann, obwohl gerade dieser Teil möglicherweise tatsächlich existiert. So bleibt nur die Möglichkeit, auch in dem Wissen, dass wir Menschen sie nie in ihrer Ganzheit beantworten können, die Frage „wer ist Gott", direkt anzugehen.

Auch Barth lehnt die Suche nach der Antwort auf die Frage, wer Gott ist, mit Hilfe von sogenannten Gottesbeweisen ab. Seine Begründungen sind zu schön zum Lesen, um sie hier nicht zu zitieren:

> *„Beachten Sie wohl: in der ganzen Bibel des Alten und Neuen Testamentes wird nie der geringste Versuch gemacht, Gott zu beweisen. Dieser Versuch ist immer nur außerhalb der biblischen Anschauung von Gott gemacht worden und immer nur da, wo man vergessen hat, mit wem man es zu tun hat, wenn man von Gott redet. Was waren das schon für Versuche, wenn man etwa neben dem unvollkommenen Wesen ein vollkommenes zu beweisen versuche? ..."*[27]

Und an anderer Stelle gibt er gleich noch eine Definition dazu:

> *„Gott ist der, welcher laut der Heiligen Schrift da ist, lebt handelt und sich bekannt macht. Mit dieser Definition*

---

[27] Barth 2011, S. 42.

geschieht etwas anderes, als wenn ich Ihnen begrifflich zusammengesetzte Vorstellungen eines unendlichen höchsten Wesens vor Augen zu stellen versuchen wollte. In diesem Fall würde ich spekulieren. Ich lade Sie aber nicht ein, zu spekulieren, sondern sage Ihnen vielmehr, dass dies ein grundsätzlich falscher Weg ist, der niemals zu Gott, sondern nur zu einer in einem falschen Sinne so zu nennenden Wirklichkeit führen kann."[28]

Barth lehnt Gottesbeweise also nicht nur ab, sondern er warnt auch ausdrücklich davor als einem Weg, der in die Irre führt. Nach Barth beweist sich Gott selbst, indem er sich selbst den Menschen immer wieder aufs Neue offenbart. Er, der Gott in der Höhe (nach Lk 2,14) ist, bewegt sich auf uns Menschen zu, nicht umgekehrt, und wird so für uns erkennbar als das, was er ist: Gott, der „*in sich selbst begründet ist und so wirklich ist*"[29].[30]

Doch dieses sich-offenbaren Gottes bedarf einer näheren Betrachtung. Auch Guardini spricht davon, dass Gott sich den Menschen zuwendet: Gott wendet dem Menschen, der mit ihm in Kontakt treten will, sein Angesicht zu. Und so ist es bei Guardini nicht nur die Frage „Wer ist Gott", sondern noch viel expliziter die

---

[28] Barth 2011, S. 42.
[29] Barth 2011, S. 41.
[30] Vgl. Barth 2011, S. 41.

Frage: *„Was für ein Angesicht wendet sich her, wenn ich ihn rufe?"*[31] Wir bekommen bei dieser Differenzierung schon eine Ahnung von der Vielschichtigkeit Gottes, wenn Guardini hier in ganzer Bescheidenheit und in dem Bewusstsein unseres Unvermögens, nicht nach dem allumfassenden Gott, sondern nur nach dem Teil Gottes fragt, das sich uns zuwendet und das wir gerade noch ertragen können wahr zu nehmen: das jeweilige Angesicht Gottes. Guardini verwendet in diesem Zusammenhang auch den Begriff des *„mehrfach göttlichen Angesichtes"*[32]

Nach Johannes 12, 44ff ist es uns Menschen nur möglich Gott zu erkennen, Gott zu sehen, wenn wir Jesus ansehen, uns Jesus zuwenden. Auch für Leonhardt ist Jesus Christus die zentrale Figur, die eine Begegnung zwischen Gott und den Menschen möglich macht.[33] Wobei Guardini auch in diesem Zusammenhang nicht von Gott in seiner Ganzheit redet, sondern ‚nur' von dem jeweiligen trinitarischen Angesicht Gottes, das wir sehen, wenn wir auf Jesus sehen und auf dessen Worte hören:

- Gott der Vater, als der Anfang und das Ende von allem, er ist derjenige von dem alles ausgeht und auf den sich alles

[31] Guardini 1983, S.20.
[32] Guardini 1983, S. 20.
[33] Leonhardt 2009, S. 163.

hinbewegt. Diesen Gott, der Vater bekennen wir im Gebet des Herrn, ihm begegnen wir in den Gleichnissen.

- ... der Sohn. Diesem Angesicht Gottes begegnen wir, wenn Jesus in der „ich"-Form redet. Er ist aber auch derjenige, von dem Johannes als von dem „Wort" redet, in Johannes 1, 1.
- ... der Heilige Geist, wenn Jesus von dem Tröster redet, so sehen wir das Angesicht Gottes, wie es sich uns in dem Heiligen Geist darstellt.

Alle diese Angesichte Gottes sind voneinander unterschiedlich, was sich auch in der Begegnung zeigt, in welcher sie sich dem Menschen zuwenden, auf der anderen Seite sind sie aber auch eins.[34] Guardini hierzu: *„Sie alle aber stehen nicht nebeneinander, sondern der Eine ist im anderen..."*[35]

Wir haben es hier also mit einem Gott zu tun, den wir im Namen Jesu Christi anrufen können und der uns dann sein Angesicht zuwendet. Auch Barth redet von dem einen Gott, der diese drei in sich vereint. Diese drei sind nicht voneinander zu trennen: Gott der Vater und Schöpfer, der in seinem Sohn Jesus Christus als handelnder Gott sichtbar wird und in dem Heiligen Geist wirkt.

[34] Vgl. Guardini 1983, S. 20.
[35] Guardini 1983, S. 21.

Diese drei in einem sind in sich selbst in Bewegung.[36] Dabei ist es das Angesicht des Heiligen Geistes, das uns befähigt die Wirklichkeit, die Wahrheit zu erkennen. Doch was ist diese Wirklichkeit, diese Wahrheit, zu der uns der Heilige Geist verhilft, wo erkennen wir diese? So ein Erkennen findet z.B. in der Begegnung mit seiner Schöpfung, seinem Werk statt. Barth hierzu:

> *„Dieses Werk der Schöpfung, des Bundes und der Erlösung ist die Wirklichkeit, in welcher Gott da ist, lebt und handelt ... in diesem Werk ist Gott die Person, die sich selbst darstellt, ...*".[37]

Dieses Werk Gottes, in dem wir Gott auf einer ganz ursprünglichen, fast archaischen Weise begegnen, ist in sich selbst nicht statisch, sondern bewegt und lebendig.[38] Es ist *„er in sich selber von Natur und in Ewigkeit und für uns in alle Zeit*".[39]

Noch ein Aspekt, eine Umschreibung dieses Gottes muss hier zumindest noch kurz erwähnt werden: Gott der allmächtig ist. Nehmen wir das Wort auseinander, so heißt dies, dass Gott alle Macht hat, was so gesehen natürlich stimmt, aber durch unseren alltäglichen Sprachgebrauch einen falschen Eindruck vermittelt. Wenn wir heutzutage von jemanden reden hören, der alle Macht

---

[36] Vgl. Barth 2011, S. 47.
[37] Barth 2011, S. 44.
[38] Vgl. Barth 2011, S. 47.
[39] Barth 2011, S. 47.

hat, so denken wir in erster Linie an einen Herrscher, der diese Macht nicht nur gebraucht, sondern auch missbraucht, ja vielleicht sogar an einen Diktator. Macht hat in diesem Sinne immer mit Kampf, mit Widerständen, ja sogar mit Gewalt und lautem Getöse zu tun; der, der diese Macht hatte, musste sie sich meistens erst selber mühsam erkämpfen.

Bei Gott ist dies anders, er ist allmächtig, weil er derjenige ist, der geschaffen hat, weil er der Ursprung aller Dinge ist. In diesem Schaffen (siehe Kapitel 2.3) zeigt sich die wahre Allmacht oder, wie Guardini sich ausdrückt:

> *„die vollkommene Allmacht: kein Kampf, keine Ungeheuerlichkeit, kein Getöse, weder Explosionen noch Prozesse, sondern Gott spricht, und es wird.*"[40]

Gott, den wir also nicht in seiner Ganzheit wahrnehmen können, der uns aber immer wieder seine Angesichte zuwendet, dieser Gott ist also von seinem Wesen her ein allmächtiger Gott, ein allmächtiger Schöpfergott, so wie wir ihn auch in unserem Glaubensbekenntnis bekennen. Doch was bedeute dies?

---

[40] Guardini 1951, S. 27

2.3. ... Schöpfers des Himmels und der Erde

„Die Schöpfung der Welt gilt in der christlichen Dogmatik als das erste Werk des dreieinen Gottes nach außen", schreibt Leonhardt.[41] Barth nennt das Bekenntnis zu Gott dem *Schöpfer* das *„Geheimnis des Glaubens"*,[42] weil ich in dem Moment, wo ich mich mit der Schöpfung beschäftige, wo ich mit der Schöpfung konfrontiert werde, mich unweigerlich mit Gott dem Schöpfer auseinandersetzen muss. Doch mich mit Gott dem Schöpfer auseinandersetzen heißt unter anderem auch, dass ich mich mit der Schöpfungsgeschichte so wie sie in Genesis 1 und 2 beschrieben wird auseinandersetzten muss. Dabei geht es in erster Linie nicht darum, den wissenschaftlichen, naturhistorischen Wahrheitsgehalt zu überprüfen, sondern es geht um das Überhaupt, um das Wahrnehmen des freien Willen Gottes, der sich in dieser Form der Welt, uns Menschen zuwendet. Es ist aber eine typisch menschliche Eigenschaft, alles erklären zu müssen, alles muss beweisbar sein, und so werden z.B. heutzutage die Schöpfungsgeschichten in Genesis als Mythos[43] kategorisiert.[44]

---

[41] Leonhardt 2009, S. 240.
[42] Barth 2011, S. 57.
[43] Mythos wie unter Fußnote 5 erklärt.
[44] Siehe u.a. Vorlesungen AT Kurs 27A vom Frühjahr 2012

Sowohl Barth als auch Guardini finden dies jedoch den falschen Weg. Barth nennt es einen *„grundlegenden Irrtum, wenn man vom Schöpfungsmythos redet"*,[45] und Guardini betont, dass auf diese Art *„alle diese Antworten an das Eigentliche, nämlich an das Wirklichwerden dessen, was noch nicht wirklich, überhaupt nicht herankommen"*.[46] Im weiteren Verlauf seiner Meditation über den Schöpfergott gibt Guardini an, dass es in dieser Begegnung mit dem Schöpfergott darum geht, loszulassen, uns abzusetzen von unserer Vorstellungswelt, unserem Wunsch Vergleiche zu ziehen, weil dies einfach unmöglich ist und deswegen dieser Versuch schon von vornherein zum Scheitern verurteilt ist.[47] Zu diesem schöpferischen Akt Gottes, der Erschaffung von Himmel und Erde, gibt es nichts Vergleichbares, weil es etwas Erstmaliges und weil es etwas Einmaliges ist.[48]

Auch Barth weist darauf hin, dass die Ereignisse, von denen die Bibel in Gen 1 und 2 redet, historisch gesehen für uns nicht fassbar sind. Trotzdem stehen sie in einem engen Zusammenhang und sind somit nicht zu trennen von der Erkenntnis, dass das schöpferische

---

[45] Barth 2011, S. 58.
[46] Guardini 1951, S. 22.
[47] Vgl. Guardini 1951, S. 23ff.
[48] Vgl. Guardini 1951, S. 25.

Tun Gottes immer in einem Zusammenhang steht mit seinem Handeln mit der Menschheit.[49]

Doch zurück zu den ‚Anfängen', was bedeutet das nun, wenn wir davon reden, dass Gott die Welt erschaffen hat?

Wenn wir jegliche naturwissenschaftlichen Erklärungen als haltlos, als Irrweg in Frage stellen, so müssen wir zugeben, dass dann nur ‚Nichts' übrigbleibt. Und das ist genau das, was am Anfang war: Nichts, dieses Nichts, das Gott als ‚Material' für seine Schöpfung diente. Warum Sätze nochmal neu formulieren, wenn andere diese Tatsache schon so eindrücklich und schön in Worte gefasst haben, lesen wir also noch einmal Guardini:

> *„Dazu braucht Er kein Material. Weder ein Chaos noch einen All-Punkt. Besser – das Wort ist nicht richtig, denn es drückt eine vorausgehende Zeitlichkeit aus, die es nicht geben kann, da die Zeit ja erst mit der Welt wird; aber es mag in seiner Unbestimmtheit stehen bleiben – bevor also Gott schafft, ist nichts da. Gar nichts."*[50]

Ein interessanter Aspekt in Guardinis weiterer Argumentation ist, dass auch das Chaos geschaffen ist. Guardini bezeichnet das Chaos, das am Anfang war, als das *„erste Stadium der Schöpfung, das*

---

[49] Vgl. Barth 2011, S. 59.

[50] Guardini 1951, S. 23.

Noch-Ungeformte", das sich erst im Laufe des Schöpfungsprozesses zu dem wandelt, was Gott will. Diese Schöpfung sind Wirklichkeit gewordene Gedanken Gottes.[51]

Dabei ist dieses kreative Gestalten Gottes ganz anders zu verstehen als unsere menschliche Kreativität. Wenn wir eine neue Schöpfung kreieren, so gehen wir immer von schon bestehenden Materialien aus, also Materialien, die wir zur Verfügung haben, deswegen – so Guardini - kann man von den Menschen auch nicht sagen, dass sie schaffen, Menschen sind nur in der Lage zu gestalten. Gott hingegen ist derjenige, der schafft, weil er eben aus „Nichts" etwas Konkretes, in diesem Falle unsere Welt schafft. Dabei dürfen wir nicht den Fehler machen zu versuchen, uns das Nichts vorzustellen, weil Nichts ist eben – Nichts.[52] Und dieses Schaffen aus dem Nichts, es wurde schon am Schluss von Kapitel 2.2. kurz erwähnt, scheint kein gewaltiger Kraftakt gewesen zu sein, im Gegenteil. Wie eben erwähnt sind es Gottes Gedanken, die in der Schöpfung Wirklichkeit werden.

Wenn wir die Schöpfungsgeschichte von Gen 1 lesen, so merken wir, dass jeder neue Akt der Schöpfung eingeleitet wird mit den Worten. ...und Gott sprach. Gott schafft also durch das Wort, das

[51] Vgl. Guardini 1951, S. 24.
[52] Vgl. Guardini 1951, S. 25f.

bedeutet aber, wenn es Gottes Gedanken sind, die in der Schöpfung Wirklichkeit werden, dass dieses Wort *„der aus dem Geiste kommende Ausdruck ist*"[53]

Warum? Das ist die Frage, die uns bei diesem Thema immer wieder beschäftigt, warum hat Gott diese Welt geschaffen? Warum hat er uns Menschen geschaffen, mit allen Konsequenzen. Sowohl Barth,[54] als auch Leonhardt,[55] als auch Guardini[56] betonen, dass Gott dies nicht getan hat, weil er es und uns brauchte, sondern weil es die reine Freiheit seines Willens war und ist. Gott schafft, weil er will, nicht mehr und nicht weniger. Er will es und somit auch uns.[57]

Doch das ist noch nicht alles, Gott hat nicht nur diese Welt mit allem was dazugehört geschaffen, er selbst - der Schöpfer - ist Geschöpf geworden: in seinem Sohn Jesus Christus.[58] Und in diesem seinem Sohn ist er uns Nahe. Doch diese Sohnschaft Gottes zeigt uns noch etwas anderes, sie zeigt uns, dass Gottes Schöpferisches Handeln mit der Erschaffung des Himmels und der Erde nicht abgeschlossen war. Wenn Gott schöpferisch tätig ist, so bedeutet dies: gestern, heute und in alle Ewigkeit. Gottes

[53] Guardini 1951, S. 27.
[54] Vgl. Barth 2011, S. 61.
[55] Vgl. Leonhardt 2009, S. 241.
[56] Vgl Guardini 1951 S. 23.
[57] Vgl. Guardini 1951, S. 29.
[58] Vgl. Barth 2011, S. 61.

schöpferischer Gedanke hört nicht auf, er geht immer weiter, bis er zum Ziel gekommen ist (siehe hierzu Kapitel 3).

Doch was bedeutet dieses Wissen nun für mich, für meinen Glauben und somit für meine Beziehung zu Gott und in der Endkonsequenz auch zu mir selber?

2.4. Schlussfolgerung

Wenn ich also glaube, dies auch sage und somit bekenne, dass Gott allmächtig ist, dass er der Schöpfer des Himmels und der Erde ist, dann hat dies in vielen Bereichen Konsequenzen. Es können hier nicht alle aufgeführt werden und die Gedanken, im Folgenden angesprochen, können eigentlich nur kurz gestreift werden. Zu umfangreich und zu unbegreiflich ist dieses Thema für uns Menschen, als dass es – gerade in einer kleinen Hausarbeit, in ihrer Ganzheit dargelegt werden kann.

Es sind zwei Gedanken, die eigentlich gerade im Zusammenhang mit der Schöpfung und dem schöpferischen Tätigsein Gottes immer wieder auffallen: da ist zum einen der Gedanke, dass Gott diese unsere Welt geschaffen hat, pur und allein, weil er das so wollte und zum anderen – quasi in Verlängerung dieses Gedankens – dass er diese Schöpfung eigentlich gar nicht braucht, weil er sich selber ist.

Nehmen wir den ersten Gedanken, wenn wir diesen Gedanken tief in uns durchdringen lassen, wenn uns plötzlich bewusstwird, dass alles, jedes Sandkorn, jede Blume, jeder Baum, jedes Lebewesen, jede Wolke, jeder Stern ein Gedanke Gottes war, der nun, weil Gott es so wollte, Wirklichkeit geworden ist, so müssen wir nun vieles, was für uns normal und selbstverständlich war, mit anderen Augen sehen. Die Welt verändert sich, unser Blick auf die Welt verändert sich, ja unsere ganze Wahrnehmung verändert sich, sie wird bewusster.[59] In mancher Situation werden wir wieder wie Kinder, die staunend und mit großen Augen vor dem geschmückten Weihnachtsbaum stehen: wie kann etwas, was wir tagtäglich sehen, plötzlich so wunderbar und schön, so voller Überraschungen werden.

Diese neue Sicht auf die Welt kann schön sein, sie macht Freude und erfüllt vielleicht auch mit Dankbarkeit, ja vielleicht ist sie in manchen Punkten eine Herausforderung, aber damit sollten wir uns nicht zufriedengeben, denn der Glaube an Gott und somit die Begegnung mit Gott, besonders mit dem Schöpfergott fordert mich ganz persönlich, und zwar nicht nur oberflächlich, sondern im tiefsten Inneren, in meinen Grundfesten. Ob ich will oder nicht,

---

[59] Vgl. Beintker 2007, S. 5.

früher oder später muss ich den Gedanken, dass Gott alles geschaffen hat, und zwar genauso wie er es wollte, zu Ende denken. Zu Ende denken bedeutet nämlich, dass auch ich ganz persönlich, ein Gedanke Gottes bin, von Ihm gewollt wurde und nur deswegen von ihm geschaffen wurde. Also auch ich bin ein Geschöpf Gottes! Hier fängt für viele die große Schwierigkeit an: jeden Morgen sehen sie, wir, ja auch ich, in den Spiegel und als erstes sehen wir das, was wir an uns nicht mögen, jeden Tag stolpern wir über die Fallstricke, die wir uns selbst stellen, immer wieder sehen wir im Spiegel des menschlichen Gegenübers die Dinge, die wir an uns selbst am wenigsten leiden können und die uns – unserer Meinung nach – alles sein lassen, nur kein Geschöpf Gottes, das er nach seinem Ebenbild geschaffen hat[60].

Guardini fordert uns auf *„die Anderen weg zu tun"*, die Menschen, mit denen wir uns auf der Suche nach der eigenen Vollkommenheit immer vergleichen, sich selbst sein zu lassen und ganz tief in uns selbst hinein zu schauen und uns dann selbst bewusst zu machen, Gott hat mich geschaffen! *„Das Wort ‚es werde' meint mich!"* so Guardini, *„er hat mich gewollt, dass ich sei, und ich wurde. Und nun*

[60] Die Zusammenhänge von Schuld und Sünde treten bei diesem Gedankengang in den Hintergrund weil es darum geht mich selber anzunehmen, als geliebtes Geschöpf.

bin ich – durch ihn."[61] Wenn wir uns diese Tatsache bewusst machen, dann kann dem nur sprachloses Staunen folgen, hier geht es in erster Linie nicht um meine eigene Unvollkommenheit, um meine Schwächen und Fehler, hier geht es allein darum, dass ich mich selbst akzeptiere als Geschöpf Gottes, von ihm geschaffen, weil er mich wollte.

Was hier und heute passiert, was ich tue und was ich bin, ist keine genetisch bestimmte Folge von dem, was mal war ‚Am Anfang', sondern ist die Konsequenz des schöpferischen Handels Gottes in Bezug auf die mir geschenkte Freiheit. Damit kommt zum Ausdruck, dass Gott auch weiterhin noch schöpferisch tätig ist.

„Ich bin Geschöpf" heißt also: auch wenn ich ein Nachkomme Adams bin, so bin ich neu geschaffen, als das was ich bin: ein ganz persönlicher neuer schöpferischer Akt Gottes. Und so bin ich als individuelle Schöpfung Gottes gewollt. Das heißt in seiner letzten Konsequenz aber auch, nur dann, wenn ich mich als Geschöpf Gottes selber annehmen und lieben kann, eben gerade so wie ich bin, nur dann kann ich Gott als Schöpfer und Vater annehmen.[62]

---

[61] Guardini 1951, S. 31.
[62] Vgl. Beintker 2007, S. 7.

Barth sagt: *„Schöpfungserkenntnis ist Gotteserkenntnis und darum Glaubenserkenntnis im tiefsten und letzten Sinn"*.[63]

Was heißt es also, sich zu Gott als Schöpfer zu bekennen? - Wieder kann ich hier nur für mich selbst sprechen: Glauben an den Schöpfergott macht Mut zum Leben dort, wo Hoffnungslosigkeit herrscht, schenkt Freude dort, wo die Trostlosigkeit überwiegt, gibt Kraft zum Weitergehen dort, wo schon alles verloren scheint. Denn auch heute ist es immer noch der Schöpfergott, der schlussendlich das letzte Wort behält und seine Schöpfung vollendet. Nichts kann mich von Gott scheiden, auch nicht der Tod und somit ist die Auferstehung aus den Toten der Sieg Gottes über den Tod und die Krönung von Gott schöpferischem Handeln, wie auch im folgenden Kapitel an Hand von Römer 4, 17b gezeigt werden soll.

3. Auferstehung als schöpferischen Akt Gottes

Vielleicht erscheint es verwunderlich, dass das vorherige Kapitel so ausführlich behandelt wurde und dieses Kapitel wie eine Anfügung aussieht. Dem ist aber nicht so. Je länger man über das Thema Gott und seine Schöpfung, über das Thema des aktiven Schöpfergottes nachdenkt, desto deutlicher wird, dass die Auferstehung unabänderlich mit dem vorherigen Kapitel

[63] Barth 2011, S. 59.

zusammengehört: zum einen sind Kapitel 2.1 und 2.2. wichtige Voraussetzungen für das Verständnis dieses Kapitels, zum anderen haben wir im vorherigen Kapitel einen Blick in die Vergangenheit **und** auf das Heute geworfen. In diesem Kapitel geht es nun um den krönenden Abschluss: Gottes Handeln über den Tod hinaus, das weit in die Zukunft reicht. Dies soll deutlich gemacht werden mit Hilfe von Römer 4,17b:

„...Gott, der die Toten lebendig macht und ruft das, was nicht ist, dass es sei"

3.1. Der Römerbrief

Man geht davon aus, dass der Römerbrief im Jahre 56 n. Chr. von Paulus an die Gemeinde in Rom geschrieben wurde. Vermutlich befand sich Paulus zur Zeit der Abfassung des Briefes in Korinth. Die Gemeinden in Rom sind übrigens nicht von Paulus gegründet worden,[64] Paulus selber war auch noch nie in Rom gewesen, plante aber seine erste Reise dorthin.[65] Der Römerbrief handelt von der *„heilsamen Gerechtigkeit Gottes im Christusgeschehen"* und *„gilt allen Menschen, Juden wie Heiden"*.[66] Dabei ist der Römerbrief in drei Teile gegliedert, wobei der erste Teil (Röm. 1, 16 - 5, 21) zu

[64] Vgl. Niebuhr 2011, S. 202; Vgl. Schreiber 2009, S. 3.
[65] Vgl. Niebuhr 2011, S. 207f.
[66] Niebuhr 2011, S. 203.

dem auch oben genannter Vers gehört von dem Christusgeschehen handelt (Teil zwei, Röm. 6,1 – 8, 39: das neue Leben und Teil drei, 9,1 – 11, 36: Gott und Israel, seien hier nur der Vollständigkeit wegen erwähnt).[67]

Zu Anfang seines Briefes macht Paulus deutlich, was ihm wichtig ist: *„der Einbruch Gottes in die erfahrbare Lebenswelt der Menschen im Christusgeschehen ...ist ihm Beweis dafür, dass nun die eschatologische Heilszeit begonnen hat.*".[68] Gerade letzteres ist ein wichtiger Gesichtspunkt in Bezug auf unser Thema. Besonders die Auferweckung aus den Toten Jesu Christi ist für Paulus ein entscheidender Bestandteil der Geschichte von Christus hier auf Erden und dem zukünftigen Handeln Gottes mit den Menschen.[69]

Im 4.ten Kapitel des Römerbriefes geht es um den Glauben, der Glaube, der rechtfertigt, der eine Beziehung zu Gott möglich macht (siehe auch Kapitel 2.1.) und umgekehrt es so Gott möglich macht durch den Heiligen Geist, in uns Menschen zu wirken (siehe auch Kapitel 2.2.). Vers 17b ist eine Beschreibung Gottes, eine allumfassende Beschreibung Gottes. Er ist derjenige, der die Toten auferweckt, womit Paulus den direkten Bezug zur Auferstehung Christi legt (immerhin ist die Geschichte Christi und die

---

[67] Vgl. Niebuhr 2011, S. 207.
[68] Niebuhr 2011, S. 204.
[69] Vgl. Niebuhr 2011, S. 212.

Konsequenzen davon Thema des Römerbriefes) und derjenige, der das nicht-seinende ruft, (hier der Bezug zu dem schöpferischen Gott, der aus dem Nichts nur Kraft seines Wortes schafft, siehe Kapitel 2.3.). Mit dieser Einfügung weist Paulus nicht nur auf die Beziehung zwischen Gott Vater und Gott Sohn, sondern er verbindet auch den Schöpfungsgedanken Gottes direkt mit der Auferstehung Jesu Christi.

3.2. Auferstehung und/oder Auferweckung?

Beim Lesen der verschiedenen Fachliteratur begegnen einem immer wieder diese beiden Begriffe, es wird sowohl von der Auferstehung Christi als auch von der Auferweckung gesprochen. Gibt es da einen Unterschied, oder bedeuten beide Begriffe das Gleiche und wenn es einen Unterschied gibt, was ist dann dieser Unterschied? Damit wollen wir uns in diesem Kapitel etwas näher beschäftigen.

3.2.1. Auferweckung

Auf der Suche nach einer Begriffsdefinition musste der Duden leider die Antwort schuldig bleiben, er erklärt nur das dazugehörende Verb: *„wieder lebendig machen, vom Tode erwecken“*.[70] Im Gegensatz dazu erklärt das Lexikon-Kirche.de. den Begriff wie folgt:

[70] Duden online

„Dieser Begriff darf nicht verwechselt werden mit Auferstehung. Denn Auferstehung führt zu einem Leben nach dem Tod in einer neuen, anderen Welt. Dagegen ist dies die Rückholung eines toten Menschen in diese Welt; er wird dadurch wieder in seiner alten Form lebendig.

Jesus bewirkte mehrfach ein solches Wunder, so an der Tochter des Jairus, am Jüngling zu Nain und an Lazarus."[71]

Im Gegensatz dazu spricht Lampe davon, und ich schließe mich seiner Auffassung an, dass die ersten Zeugen des Ostergeschehens nicht von Auferstehung, sondern definitiv von Auferweckung sprechen. Seiner Meinung nach steht damit nicht der Auferstandene Christus im Zentrum dieser Osterbotschaft, sondern Gott selbst,[72] in diesem Zusammenhang verwendet er den Begriff: *„Schöpfer- und Neuschöpfer-Gott*".[73] Weiter betont Lampe, dass mit der Auferweckung, im Gegensatz zu der Schöpfung unserer Welt, nicht etwas total Neues geschaffen wird, sondern dass Gott an bereits Bestehendes anknüpft.[74]

An bereits Bestehendes wieder anknüpfen bedeutet aber nicht, dass das Alte wie z.B. unser Körper wiederhergestellt wird, es bedeutet

[71] Lexikon-kirche

[72] Vgl. Lampe 2004; S. 2.

[73] Lampe 2004, S. 2.

[74] Vgl. Lampe 2004, S. 2.

eine Art Umwandlung. Lampe beschreibt diese Umwandlung wie folgt: *„Gott, der den Ich-Kern durch den Tod hindurchträgt, ist nicht auf Materie meines jetzigen Körpers angewiesen, wenn er neuschaffend auferweckt.“*[75]

Natürlich ist die Aussage, dass der Ich-Kern und/oder die Seele durch den Tod hindurch ‚überlebt', gerade in Bezug auf dieses Thema noch heute ein großer Diskussionspunkt, doch darauf soll in dieser Arbeit nicht weiter eingegangen werden. Was ist die Konsequenz von Lampes ‚Beschreibung'? Die Konsequenz ist wie bei der Schöpfungsgeschichte: es ist nicht mehr wichtig, wie Gott das machte, welche Leiblichkeit Jesus hatte, als er den Jüngern als der Auferstandene – oder sollte man besser sagen als der Auferweckte – erschienen ist, wichtig ist allein die Tatsache, dass ich glaube, dass Gott, der Schöpfergott dazu in der Lage ist, dass er in seinem Schaffen auch aus bereits Bestehendem, das im Begriff ist zurückzusinken in das absolute Nichts, wieder etwas Neues schaffen kann.[76]

So gesehen ist die Definition des Lexikon-Kirche zwar auf dem richtigen Weg, aber nicht vollständig. Auch Paulus geht in unserem Bibelvers noch weiter. Gott ruft nicht nur die Toten zurück ins

---

[75] Lampe 2004, S. 3.
[76] Vgl. Lampe 2004, S. 3.

Leben, sondern auch das „Nichtseiende" soll wieder sein, als ob etwas wäre. Das deckt sich auch mit dem eben gesagten: Paulus schreibt nicht, dass es wieder genauso ist wie es war, sondern es ist so *„wie wenn etwas da wäre"*.

Auferweckung ist also die Neuschaffung durch den Schöpfergott von etwas, das schon einmal war, von etwas, das schon tot oder schon nicht mehr ist. Diese Definition deckt sich auch mit dem, was Fischer sagt, wobei er ergänzt, dass die Auferweckung der Toten erst in der Endzeit, wenn Gott einen neuen Himmel und eine neue Erde schafft, geschieht.[77] Doch gibt es dann einen Unterschied zur Auferstehung?

3.2.2. Auferstehung

Auch hier bleibt uns der Duden eine Definition schuldig, fügt jedoch interessanterweise bei seinem Beispiel: die Auferstehung der Toten" den Zusatz *„zum ewigen Leben"* hinzu. Die Definition für das Verb lautet: *„wieder zum Leben erwachen, erweckt werden"* und ist vergleichbar mit der Definition für auferwecken.[78]

Das Lexikon-Kirche gibt folgende Definition:

> *„Auferstehung: Wir Christen sind überzeugt, dass der Tod nicht das völlige Ende eines Menschen bedeutet. Wir glauben*

[77] Vgl. Fischer 2011, Kapitel 3.
[78] Vgl. Duden online.

an einen Jüngsten Tag, durch den ein neues Leben in einer neuen Welt beginnt. Dieser Begriff bezeichnet den Beginn dieses neuen Lebens."[79]

Liess beschreibt die Auferweckung als einen Akt, der ins hiesige Leben zurückruft, dessen Zeit ja durch den neuerlichen Tod begrenzt ist, während die Auferstehung die Verstorbenen in ein neues, zeitlich nicht begrenztes Leben ruft,[80] und schließt sich damit dem Lexikon-Kirche.de an.

Für viele Autoren kann keine deutliche Grenze gezogen werden zwischen dem Begriff Auferweckung und Auferstehung. Auch Wiederkehr weist darauf hin, dass sowohl in der Bibel aber auch in der Kirche (Gottesdienst etc) als auch durch die Theologen beide Begriffe ohne Unterscheidung verwendet werden.[81] Weiter weist er darauf hin, dass Auferstehung immer im Zusammenhang zu sehen ist mit der Auferweckung Jesus Christus. Durch den vorherrschenden Gebrauch des Wortes Auferstehung, spielt der Begriff Auferweckung eine untergeordnete Rolle, obwohl gerade letzterer im NT mehrheitlich gebraucht wird:[82]

[79] Lexikon-Kirche
[80] Liess 2005; Kapitel 2,3.
[81] Vgl. Wiederkehr 1988, S. 105.
[82] Vgl. Wiederkehr 1988, S. 105.

„Die im NT vorherrschende »Auferweckung« sieht Jesus in einer »exzentr.« Beziehung zum Gott der Gottesherrschaft (-> Reich Gottes). Der vertrauenden Übereignung im Tod antwortet die tätige -> Treue Gottes in der »Auferweckung«, in »Erhöhung« und Anteilhabe an der gleichen Herrschaft (Hebr. 5,7)"[83]

Das für uns Entscheidende ist, dass die Toten, die durch einen Akt Gottes auferweckt werden, aus dem Hades bzw. aus der Hölle, wieder zurück ins Leben gerufen werden, wobei man bei Leben nicht unbedingt an unser jetziges Dasein denken sollte.

In Bezug auf den Hades, oder anders gesagt die Hölle, gab es besonders im Mittelalter hierzu immer wieder sehr phantasievolle und abschreckende Bilder. Nach altjüdischer Vorstellung ist dies der Ort des absoluten Nichts, wo alles zu Staub zerfällt. Das schreckliche an diesem Ort ist die dadurch bedingte absolute Trennung von Gott.[84] Diese absolute Trennung von Gott bedeutet auch, dass wir Menschen nicht mehr in der Lage sind Gott zu suchen, wieder mit ihm Kontakt aufzunehmen, ihn anzurufen. Das kann jetzt nur noch Gott allein.

---

[83] Wiederkehr 1988, S. 105.
[84] Vgl Barth 2011, S. 139.

Mit der Auferstehung Jesu am dritten Tage beginnt, so Barth, nicht nur ein Neues Leben Jesu, sondern für Gottes Schöpfung beginnt damit auch ein neues Zeitalter.[85] Guardini sagt, dass die Auferstehung Christi aus den Toten das Herzstück des christlichen Glaubens ist.[86] Aber diese Auferstehungsgeschichte erfordert unseren Glauben.[87]

3.3. Der Schöpfergott, Blick in die Zukunft

Und so schließt sich in diesem Kapitel der Kreis: In Kapitel 2.1. wurde die Voraussetzung besprochen um Gott zu begegnen: der Glaube, in Kapitel 2.2. haben wir uns mit Gott beschäftigt, dem wir unter anderem in Jesus Christus begegnen, in Kapitel 2.3. haben wir dann den Schöpfergott gesehen wie er in der Vergangenheit „im Anfang" schöpferisch tätig wurde aber auch, wie er seinen Sohn gezeugt hat und wie er als Heiliger Geist noch heute präsent ist, somit sind wir also auch dem heutigen Schöpfergott begegnet.

Doch nun in diesem letzten dritten Kapitel begegnen wir einem Schöpfergott, dessen Gedanken noch nicht zu Ende sind, der immer noch denkt und auch in die Zukunft hinein gedacht hat und ein Ziel für diese Zukunft hat: die Vollendung seiner Schöpfung! Seine

[85] Vgl. Barth 2011, S. 142.
[86] Vgl. Guardini 1990, S 482.
[87] Vgl. Guardini 1990, S. 483.

Schöpfung war am Anfang gut: immer wieder wird in Genesis 1 wiederholt: „...und Gott sah, dass es gut war.“ Das ist der Zustand, das Ziel das Gott mit seiner Schöpfung hat: dass es gut ist. Doch was Gott schafft, ist nicht vergänglich; Tod und Verfall gehören nicht dazu, und so gehört es auch zu dem schöpferischen Gott, dass er in seinem schöpferischen Willen, genau diese, nämlich Tod und Verfall, erst für immer besiegen muss, bevor er seine Schöpfung vollenden kann. Dabei ist es wichtig festzuhalten, dass es hier nicht darum geht, Tod und Verfall zu entfernen aus Gottes Schöpfung, Gott der Schöpfergott kann nur dort als der allmächtige Schöpfergott auftreten, wo er auch zeigt, dass er aus Tod und Verfall etwas Neues schaffen kann, und diese somit nicht entfernt, sondern endgültig besiegt.

So ist es nur eine logische Konsequenz, dass es gerade sein Sohn ist, den er als erstes aus den Toten auferweckt. Logisch deswegen, weil ja dieser Sohn auch Gott ist, aber er ist auch Geschöpf Gottes in seinem Menschsein und er ist der Einzige, der wieder eine Verbindung zwischen Gott und den Menschen herstellen kann, weil er deren Sünden getilgt hat. In dieser Auferweckung nun zeigt sich Gott als Schöpfer, er hatte von Beginn an den Gedanken, dass er die Welt mit sich versöhnen muss, und dieser Gedanke ist mit seinem Wort, dem Ruf an seinen Sohn, wieder Realität geworden, indem er seinen Sohn aus dem Tod herausgerufen hat ins Leben, zu seiner Rechten sitzend. Damit hat er nicht nur seinen Sohn aus dem Tod herausgerufen zum Leben, sondern mit ihm auch uns, die wir durch Jesus Christus seine Kinder sind. Karl Barth sagt hierzu:

> *„Das ist das Ziel: der Mensch, wird in eine andere Rechtslage versetzt. Er gehört nicht mehr dem, der auf ihn ein Recht hatte, er gehört nicht mehr jenem Bereich von Fluch, Tod und Hölle an, sondern ist versetzt in das Reich seines lieben Sohnes.*"[88]

Der Glaube, an Gott als Schöpfergott ist ein Glaube, der Hoffnung macht. Ist es Gott gelungen, allein Kraft seines aus seinen Gedanken kommenden Wortes aus dem Chaos (Gen. 1) ein Paradies – und wir meinen mit Paradies einen Zustand wo Schöpfung untereinander aber auch mit seinem Schöpfer in einer Einheit und Harmonie lebt – zu schaffen, der Kraft seines Wortes in der Lage ist, aus dem Tode und dem Nichts-Mehr-Sein neues Leben zu erwecken, so wird es für ihn erst recht kein Problem sein, das Chaos, mit dem wir Menschen seine Schöpfung zum Nichts-Sein verdammt haben, zurück zu führen zu neuem paradiesischen –

---

[88] Barth 2011, S. 141.

wieder im obengenannten Sinn – Leben und auch das nur Kraft seines Wortes, nach seinen eigenen Gedanken.

Literatur

Bücher

Barth, Karl; Dogmatik im Grundriss; 10. Auflage; 2011; Theologischer Verlag Zürisch.

Graffmann, H..., Heidelberger Katechismus, aus: Religion in Geschichte und Gegenwart, 3. Auflage, 1959, Bd. 3, S. 128ff, J.C.B. Mohr (Paul Siebeck).

Guardini, Romano; Der Herr, Über Leben und Person Jesu Christi; 6. Auflage; 1990; Herder Verlag; Freiburg Basel Wien.

Guardini, Romano; Gläubiges Dasein, Drei Meditationen; 1. Auflage; 1951, Werkbund-Verlag Würzburg.

Guardini, Romano; Vom Leben des Glaubens; 1. Auflage; 1983; Matthias-Grünewaldverlag; Mainz.

Häring, Hermann; Glaube; in: Wörterbuch des Christentums; Hrsg. Volker Drehsen, Herrmann Häring, Karl-Josef Kuschel und Helge Siemers; 1988; Gütersloher Verlagshaus, Ger Mohn Benzinger Verlag Zürich.

Leonhardt, Rochus; Grundinformation Dogmatik; 4. durchgesehene Auflage; 2009; Vandenhoeck & Ruprecht; Göttingen.

Niebuhr, Karl-Wilhelm; Grundinformation Neues Testament, Eine bibelkundlich-theologische Einführung; 4. Durchgesehene Auflage; 2011; Vandenhok & Ruprecht; Göttingen.

Schneider-Flume, Gunda; Grundkurs Dogmatik; 2. durchgesehene Auflage; 2008; Vandenhoek & Ruprecht; Göttingen.

Wiederkehr, Dietrich; Auferstehung; in: Wörterbuch des Christentums; Hrsg. Volker Drehsen, Herrmann Häring, Karl-Josef Kuschel und Helge Siemers; 1988; Gütersloher Verlagshaus, Ger Mohn Benzinger Verlag Zürich.

Artikel

Beintker, Michael; Der Glaube an Gott den Schöpfer; Reformiere Sommeruniversität 2007; Vorlesung am 27.08.2007; http://www.reformiert-info.de/daten/File/Upload/doc-2473-1.pdf; Zugriff: 3.12.2012 18:15.

Dönhoff, Marion; Deutsche Weihnachten Warum ist das Fest so unbefriedigend? DIE ZEIT, 1999; http://www.zeit.de/1999/52/199952.graefin .xml Zugriff: 16.12.2012 18:00.

Dönhoff, Marion; Die Flammenzeichen rauchen, Marion Dönhoff, DIE ZEIT, 25.6.53; http://www.zeit.de/1953/26/die-flammenzeichen-rauchen, Zugriff: 29.12.2012 21:21

Fischer, Alexander: Auferweckung; 2011; http://www.bibelwissenschaft.de/nc/wibilex/das-bibellexikon/details/quelle/WIBI/referenz/14261/cache/e8cad861d67f99855ef01a613d5f5ee4/ ; Zugriff: 7-1-2013 16:42

Lampe, Peter; Ei bricht Stein, Ostersonntagspredigt in der Universitätskirche zu Heidelberg über 1 Korinther 15,3-8; 2004; http://theologie.uni-hd.de/predigten/040411.pdf, Zugriff: 04.01.2013 19:38.

Liess, Kathrin; Auferstehung; Dezember 2005; http://www.bibelwissenschaft.de/nc/-wibilex/das-bibellexikon/details/quelle/WIBI/referenz/14249/cache/eb1d72c6b-5498a09b228103abd795ac3/; Zugriff: 7-1-2013 17:39

Schreiber, Stefan; Der Römerbrief, Kurzscript; SoSe 2009; Uni Münster; http://www.uni-muenster.de/imperia/md/content/fb2/a-biblischetheologie/zeit-undreligionsgeschichtedesnt/schreiber/vorlroem2skript.pdf, Zugriff: 03.01.2013 17:57.

Synode ev.-ref. Kirchen in Bayern und Nordwestdeutschland, Heidelberger Katechismus, revidierte Ausgabe, 1997, http://www.ekd.de/glauben/bekenntnisse/heidelberger_-katechismus.html, Zugriff: 16.12.2012 17:56.

Lexika

Duden Online;

http://www.duden.de/rechtschreibung/Glaube#Bedeutung1 Zugriff: 29.12.2012 12:45

lexikon-kirche.de - alles, was ein Christ wissen muss; http://www.lexikon-kirche.de/a_3.htm; Zugriff: 04.01.2013 19:22

Theologie Skripten,

http://www.theologie-skripten.de/erkenntnislehre/5glau-bibl.pdf , Zugriff: 29.12.2012 21:08

Bibelübersetzung

Elberfelder Bibel; Witten, Dillenburg 2006; SCM R. Brockhaus, Christliche Verlagsgesellschaft.

Printed by Books on Demand GmbH, Norderstedt / Germany